Per al
Freddie i el Nell,
amb amor

Títol original: THE DAY LOUIS GOT EATEN

Publicat amb l'acord d'Andersen Press, Ltd,
20 Vauxhall Bridge Road, Londres SW1V 2SA, Regne Unit

Provença, 101 - 08029 Barcelona
info@editorialjuventud.es
www.editorialjuventud.es

Traducció de Raquel Solà

Primera edició, octubre de 2013

ISBN 978-84-261-4010-4

DL B 17536-2013
Núm. d'edició d'E. J.: 12.676
Printed in Spain
BIGSA, Pol. Ind. Congost - 08403 Granollers (Barcelona)

EL DIA QUE ES VAN MENJAR EN LLUÍS

John Fardell

editorial joventut
Barcelona

Un dia, en Lluís i la seva germana gran, la Sara, eren al bosc...

... quan, malauradament...

... a en Lluís se'l va menjar un Glupiglop.

La Sara no es va espantar. Sabia que els Glupiglops s'empassen sencer el menjar i, si en feia via, trobaria la manera de fer sortir en Lluís.

Només es va aturar per recollir una cosa que va pensar que necessitaria...

... i va emprendre ràpidament la persecució del Glupiglop.

Ja gairebé l'havia atrapat quan, malauradament...

... El Glupiglop va ser engolit per un Grapinyaire.

La Sara va empaitar el Grapinyaire fins al seu niu.

Ja gairebé l'havia atrapat
quan, malauradament...

... aquest va ser engolit per un Nyacaquàtic.

... malauradament...

... aquest va ser engolit per un Cruspisaure Espinós.

La Sara ja gairebé havia atrapat el Cruspisaure Espinós...

quan, malauradament...

... aquest va ser empassat per un Nyampador Dents de Sabre.

La Sara va empaitar el Nyampador Dents de Sabre...

... i, per sort, va aconseguir trobar la pista
i pujar fins al seu cau, sense que res se la cruspís.

Va esperar fins que el Nyampador s'adormís...

... llavors, es va enfilar dins
la boca oberta del monstre.

Es va arrossegar fins al seu estómac...

... després, va escalar a la boca del Cruspisaure Espinós...

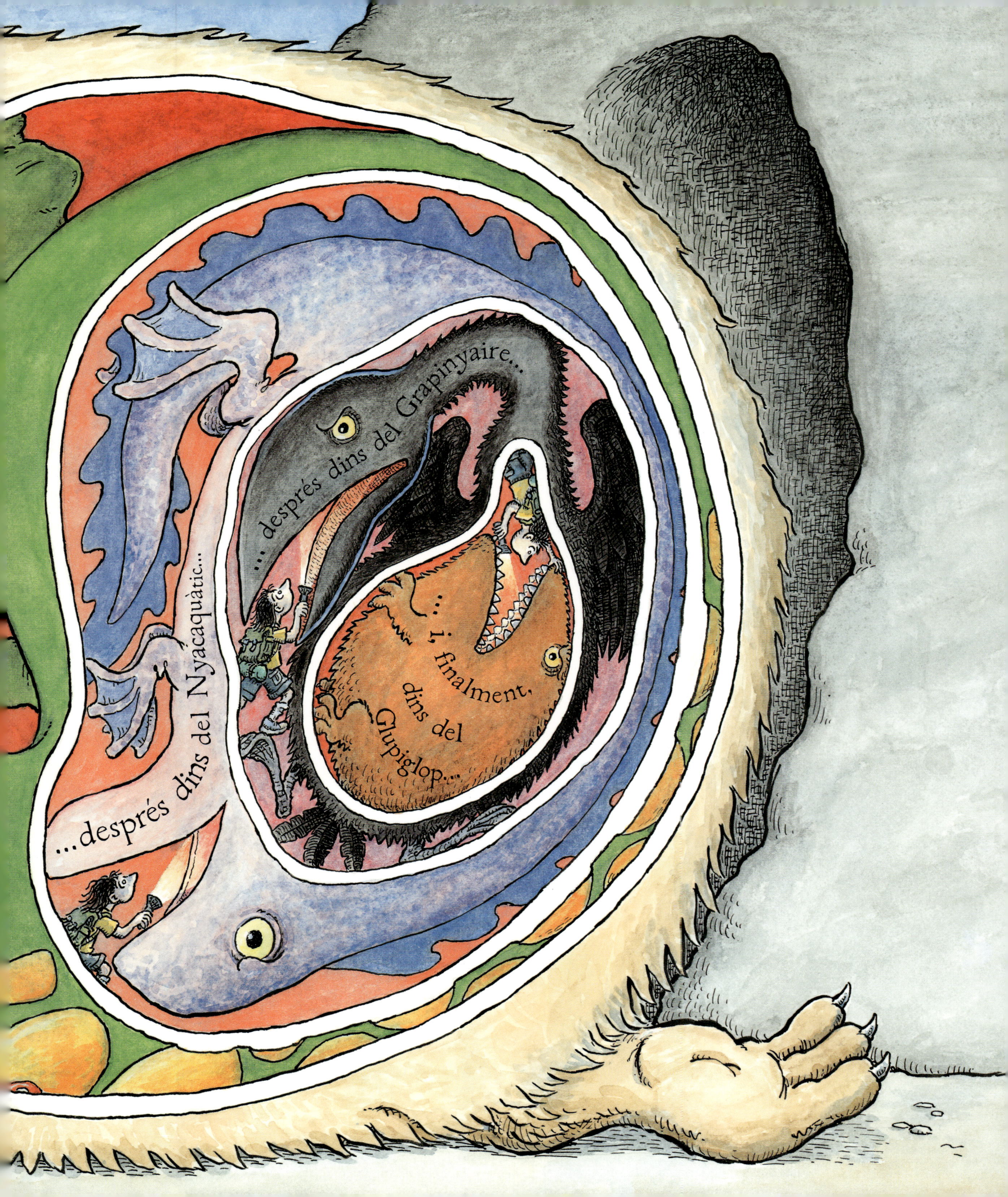
...després dins del Nyacaquàtic...
... després dins del Grapinyaire...
... i, finalment, dins del Glupiglop...

... i allà va trobar en Lluís.

–Per fi has arribat! –va dir ell–. Sabia que vindries a buscar-me. I ara, com ho farem per sortir d'aquí?

–Farem servir aquesta Granota Singlotadora –va dir la Sara–. L'he recollit abans de començar a perseguir el Glupiglop. Observa.

La Granota Singlotadora va començar a botar amunt i avall de l'estómac del Glupiglop...

Cosa que va fer que el Glupiglop
comencés a moure's.

I això va fer que el Grapinyaire
es recargolés, cosa que va fer
bellugar l'estómac del Nyacaquàtic,
i després el del Cruspisaure
Espinós i, finalment,
el del Nyampador
Dents de Sabre...

Fins que va començar una gran cadena de singlots i rots...

... En Lluís i la Sara (i la Granota Singlotadora) van quedar lliures.

Malauradament, totes les criatures ara tenien una gana terrible.

I van envoltar la Sara llepant-se els llavis.

–DEIXEU EN PAU LA MEVA GERMANA!
–va cridar en Lluís–. O JO US MENJARÉ
A TOTS!

I els monstres van fugir corrent.

–Gràcies, Lluís –va dir la Sara–.
Au anem, ja és hora de tornar a casa.

JF
'11